WENN DIE KLEINEN KINDER BETEN

CHRISTOPH RAU

Wenn die kleinen Kinder beten

Sprüche und Gebete für die ersten sieben Lebensjahre

EDITION OGHAM
IM
VERLAG AM GOETHEANUM

Der Verlag am Goetheanum im Internet: www.VamG.ch

Umschlaggestaltung von Angela Kočonda

11. Auflage 2011

Satz: Höpcke, Hamburg
Druck und Bindung: Freiburger Graphische Betriebe

ISBN 978-3-7235-1401-6

EINFÜHRUNG

Dieses Büchlein gehört in die Hand der Eltern. Vom gehörten Wort her, durch wiederholtes Vorsprechen sollen die Kinder allmählich mit dem Text vertraut werden, keinesfalls durch absichtliches Auswendiglernen. So kann in zwangloser Art die dem Kind durch die Taufe vermittelte religiöse Substanz gepflegt und befestigt werden. Wichtig auch für die einfachste häusliche Andacht ist der äußere Rahmen: brennende Kerzen, ein Bild, ein schöner Stein, Blumen oder Zweige der Jahreszeit sowie - wenn es sich ohne Zwang oder Druck von vornherein einrichten lässt - das Stehen beim Tischgebet und abends das Niederknien am Bett, über dem das Bild eines Engels hängt.

Die Morgen- und Abendgebete sind dem vorrückenden Lebensalter entsprechend angeordnet. Eine «Lichterstunde» am Abend mit Märchen, Lied und abschließendem Gebet wird dem Kind helfen, leichter den Übergang aus der bunten Welt des Tages in die Ruhe der Nacht zu finden. Und der Tag wird anders verlaufen, wenn er am Morgen mit einer schlichten Andacht begonnen wird. Besonders festlich kann ein Sonntag oder ein

Geburtstagsmorgen werden, wenn zu Lied und Spruch eine passende Erzählung hinzukommt. Das Gedicht vom «Himmelsschloss» ist für solche Festtage geeignet.

Die Tischgebete können beliebig den einzelnen Wochentagen zugeordnet werden; das am Anfang stehende von Rudolf Steiner ist geeignet, die Würde eines Sonn- oder Festtages zu betonen.

1. Auflage: Nürnberg, im Oktober 1974.

Für die 11. Auflage 2011 konnten nach verlässlichen Quellen verschiedene Korrekturen vorgenommen, fehlende Autorennamen ergänzt sowie mehrere Texte neu aufgenommen werden.

Braunschweig, im Januar 2011 *Christoph Rau*

Wenn die kleinen Kinder beten,
hören all die Sternlein zu,
und die Engel alle treten
leis herzu auf goldnem Schuh,
lauschen auf des Kindes Worte,
schließen tief ins Herz sie ein,
tragen durch die Himmelspforte
sie zum lieben Gott hinein.

L. Rafael

GEBET VON MUTTER ODER VATER ÜBER DER WIEGE DES SÄUGLINGS

(bis zum 3. Lebensjahr)

Du ruhest in der göttlichen Welt -
du empfindest dich in der göttlichen Ruhe.
Deine Seele erlebt die göttliche Ruhe -
die göttliche Ruhe strömt in dir.

Rudolf Steiner
für Moriz Piza (ca. 1906)

Dein Engel ist bei dir - der hütet dich gut.

Werner Liedke

DAS ERSTE VOM KIND SELBST GESPROCHENE GEBET

(3 bis 5 Jahre)

Es tragen Lichtgewalten
Mich in des Geistes Haus.

Rudolf Steiner

ZU SPRECHEN VON DER MUTTER FÜR DAS KIND

In Dich ströme Licht, das Dich ergreifen kann.
Ich begleite seine Strahlen mit meiner Liebe
Wärme,
Ich denke mit meines Denkens besten
Frohgedanken
An Deines Herzens Regungen.
Sie sollen Dich stärken,
Sie sollen Dich tragen,
Sie sollen Dich klären –

Ich möchte sammeln in Deinen Lebensschritten
Meine Frohgedanken,
Dass sie sich verbinden Deinem Lebenswillen
Und er in Stärke sich finde in aller Welt
Immer mehr durch sich selbst.

Rudolf Steiner

ABENDGEBET
für kleine Kinder, die schon selbst beten
(5 bis 11 Jahre)

Vom Kopf bis zu den Füßen bin ich Gottes Bild.
Vom Herzen bis in die Hände fühle ich Gottes Hauch.
Spreche ich mit dem Munde, so folge ich Gottes Willen.
Wenn ich Gott erblicke in Vater und Mutter,
In allen lieben Menschen,
In Tier und Blume, in Baum und Stein,
Gibt Furcht mir nichts,
Nur Liebe zu allem, was um mich ist.

(von Rudolf Steiner in dieser Fassung an
Familie Heisler in Tübingen gegeben im Juni 1919)

Schutzengel mein,
hüt mich fein
Tag und Nacht, früh und spät,
bis meine Seele zum Himmel eingeht.

Volksgut

Schon glänzt der goldne Abendstern.
Gut Nacht, ihr Lieben nah und fern,
Schlaft ein in Gottes Frieden!
Die Blume schließt die Äuglein zu,
Der kleine Vogel geht zur Ruh,
Bald schlummern alle Müden.

Du aber schläfst und schlummerst nicht,
Du treuer Gott im Sternenlicht,
Dir will ich mich vertrauen.
O hab auf mich, dein Kindlein, acht!
Lass mich nach einer guten Nacht
Die Sonne fröhlich schauen!

Noah und Frederick Biehs

Schlafe, Kind, schon weint das Meer –
hörst du's rauschen von weit her:
großes Meer von fern …
Grollt es auch, es hat nicht Not:
Meer und Mensch gehören Gott;
ob es wütet, ob es schwillt –
Gott ist's der den Kummer stillt –
über uns ein Stern.

(nach einem chilenischen Gedicht)

GEBET AN DEN SCHUTZENGEL

Engel Gottes, Hüter mein,
bitt', mögst immer um mich sein;
früh und abends, Tag und Nacht
halte helfend bei mir Wacht.
Schütz' mir Seel und Leibeswesen
und bewahr mich vor dem Bösen.

Josef Eduard Kral
(aus dem Polnischen übersetzt)

Meinen Engel hab ich lieb,
der so leuchtend klar;
von der Sternenheimat blieb
mir ein Glanz im Haar
als ein Krönlein sonnenhell,
aller Freude reiner Quell.

Herta Rau

KAMPENER ABENDLIED

Wenns dunkel wird, wenns dunkel wird,
dann kommt der große Hirt
in seinem Mantel blau und schwer
von Osten übers Wattenmeer.
Und langsam steigt er auf zum Strand,
erhebt die alte schwere Hand:
Geh, Sonne, geh jetzt schlafen,
ich bleib bei meinen Schafen.

Die Nacht ist lang, die Nacht macht Angst …
du kleines Herz, was du auch bangst:
Er steht am Strand, er hält die Wacht,
der gute Hirt, die ganze Nacht.
Und wenn zu tief die Dunkelheit,
und wenn zu laut ein Schäfchen schreit,
hebt er die Mondlaterne
hinauf bis an die Sterne.

Nun schließe, Kind, die Augen zu
und schlafe still in guter Ruh.
Die Erde ist ein guter Stern.
Du wachst, du schläfst in Gott dem Herrn,
und aus dem tiefsten Weltenraum
singt tief der Hirt in deinen Traum:
Das Herz der Nacht ist Liebe.

Hans Holgard

ABENDREIGEN

Wenn ich meine Augen schließe,
führt ein Engel mich hinaus
auf die stille Himmelswiese
vor das goldne Sternenhaus.
Und die Sterne, groß' und kleine,
nehmen mich in ihren Tanz,
dass ich ihnen mich vereine
zu dem schönen Himmelskranz.

Michael Bauer

Abends, wenn ich schlafen geh,
vierzehn Engel bei mir stehn:
zwei zu meiner Rechten,
zwei zu meiner Linken,
zwei zu meinen Häupten,
zwei zu meinen Füßen,
zwei, die mich decken,
zwei, die mich wecken,
zwei, die mich weisen
ins himmlische Paradeisen.

(nach «Des Knaben Wunderhorn»)

Wenn die Kinder schlafen ein,
wachen auf die Sterne,
und es steigen Engelein
nieder aus der Ferne,
halten wohl die ganze Nacht
bei den frommen Kindern Wacht.

Volksgut

ABENDSPRUCH

Lass Deiner Engel lichte Reih'n,
O Krist, Du Geistgebieter,
Ob unserm Schlaf die Wächter sein
Und unsres Leibes Hüter.

Lass sie aus Deinem Sternenzelt
Uns spenden lichte Träume,
Führ unsern Geist aus dieser Welt
In Deiner Himmel Räume.

Am Morgen, wenn der Tag erwacht
Aus Sonnen-Lichtbezirken,
Erweck uns selbst aus Traum und Nacht
Zu neuem Erdenwirken.

Josef Eduard Kral
(nach einem altirischen Text)

DER SCHUTZENGEL

Er geht unhörbar mit,
er lässt sich nicht verleugnen,
du spürest seinen Schritt.

Er geht, von Gott gesandt,
dein Leben zu geleiten
mit bis ins Heimatland.

Er hüllet sein Gesicht
an deinem bösen Tage.
O Seele, sinke nicht!

Nachts steht er hoch und hehr,
wacht über deinem Traume.
Leis klirrt die goldne Wehr.

Hubert Sondermann

MORGENSPRUCH

Der Sonne Licht,
Es hellt den Tag
Nach finstrer Nacht.
Der Seele Kraft,
Sie ist erwacht
Aus Schlafes Ruh':
Du meine Seele,
Sei dankbar dem Licht,
Es leuchtet in ihm
Des Gottes Macht;
Du meine Seele,
Sei tüchtig zur Tat.

Rudolf Steiner

MORGENLIED

Morgenglanz der Ewigkeit,
Licht vom unerschöpften Lichte -
schick uns diese Morgenzeit
Deine Strahlen zu Gesichte
und vertreib durch Deine Macht
unsre Nacht.

Deiner Güte Morgentau
fall auf unser matt Gewissen;
lass die dürre Lebensau
lauter süßen Trost genießen
und erquick uns, deine Schar,
immerdar.

Christian Knorr von Rosenroth

GANG ZUM KINDERGARTEN

(an der Haustür zu sprechen)

Zum Abschied segne ich dich:
Dein Engel begleite dich.
Dein Ich befestige sich.
Deine Glieder wollen sich regen.
Dein Wesen erfühle Segen.

Johannes Kühn

Mein Herz ist wie die Welt so groß,
hat alles lieb, lässt nichts mehr los.
Mein Herz in jeder Blume wohnt,
in Baum und Vogel, Sonn' und Mond.

Hedwig Diestel

Sonne, Sonne, komm hervor
aus des Himmels goldnem Tor!
Strahle mich so lange an,
bis ich mit dir strahlen kann!

Hedwig Diestel

Sonne, Mond und Sterne
haben wir so gerne,
weil in ihrem Lichte gut
unsre ganze Erde ruht.

Ehe wir beginnen,
tief im Herzen drinnen
zünden wir ein Lichtlein an,
das uns leuchten, wärmen kann.

Heinz Ritter

GOTT GRÜSSE DICH!

Gott grüße dich! – Kein anderer Gruß
gleicht dem an Innigkeit.
Gott grüße dich! – Kein andrer Gruß
passt so zu aller Zeit.

Gott grüße dich! – Wenn dieser Gruß
so recht vom Herzen geht,
gilt bei dem lieben Gott der Gruß
so viel wie ein Gebet.

Julius Sturm

TAGESGRUSS

Es steigt der Tag, es sinkt der Stern,
die Erde trinkt das Licht so gern,
die Erde atmet neuen Sinn
und gibt sich ganz der Sonne hin.

Das Herz wird wach, der Geist wird gut,
in neuer Freude blüht das Blut.
Aus dunkler Nacht den Sternenschein,
den tun wir tief ins Herz hinein.

Gegrüßt du Tag, gegrüßt du Sonn,
du Leben aus des Lichtes Bronn!
Wir machen unsre Herzen weit
der offenbaren Herrlichkeit.

Heinz Ritter

TISCHGEBET

Es keimen die Pflanzen in der Erdennacht,
es sprossen die Kräuter durch der Luft Gewalt,
es reifen die Früchte durch der Sonne Macht.

So keimet die Seele in des Herzens Schrein,
so sprosset des Geistes Macht im Licht der Welt,
so reifet des Menschen Kraft in Gottes Schein.

Rudolf Steiner

Wir falten unsre Hände
und danken für die Spende
der lieben Erde, wo alles wächst,
dem lieben Regen, der es netzt,
der lieben Sonne, die's bescheint,
dem lieben Gott, der uns vereint.

(rings um den Tisch die Hände reichen)

Johannes Kühn

Der Du von allem, was da ist,
der Schöpfer und Erhalter bist –
Herr Christe – Dir sei Dank und Preis,
tritt segnend ein in unsern Kreis.

Friedrich Schneeberger

Gott gab das Korn,
der Bauer sät's,
die Sonne bräunt es
und der Schnitter mäht's.
Der Müller mahlt's,
der Bäcker bäckt das Brot.
Du segne uns die Nahrung,
heilger Gott!

Rudolf Meyer

Der Bauer reißt die Erde auf
und legt das Samenkorn hinein.
Die Sonne reift's im Jahreslauf –
wir wollen dafür dankbar sein.

Albert Redlich

SPRUCH VOR TISCH

Erde, die uns dies gebracht,
Sonne, die es reif gemacht –
liebe Sonne, liebe Erde,
euer nie vergessen werde.

Christian Morgenstern

Jedes Tierlein hat sein Essen,
jedes Blümlein trinkt von Dir.
Hast auch unser nie vergessen –
lieber Gott, wir (ich) danke(n) Dir.

Lore Mense

In Deinen Früchten, Mutter Erde,
ruht das Geheimnis Deiner Sonnenkraft.
Gib Gott, dass in uns wirksam werde
Dein Geist, der alles lenkt und schafft.

Irene Weidle-Assenheimer

Alle guten Gaben,
alles, was wir haben,
kommt, o Gott, von Dir.
Dank sei Dir dafür.

Heinz Vonhoff

(nach Jakobusbrief 1,17)

Sagt Dank dem Herrn,
Der das Brot uns schenkt,
Der mit gütiger Hand alles Leben lenkt,
Sagt Dank dem lebendigen Gott!

Mathilde Fink

RÄTSEL

Es steht ein groß geräumig Haus
auf unsichtbaren Säulen;
es misst's und geht's kein Wandrer aus,
und keiner darf drin weilen.

Nach einem unbegriffnen Plan
ist es mit Kunst gezimmert;
es steckt sich selbst die Lampe an,
die es mit Pracht durchschimmert.

Es hat ein Dach kristallenrein
von einem einz'gen Edelstein;
doch noch kein Auge schaute
den Meister, der es baute.

Friedrich von Schiller

RÄTSEL

Auf einer großen Weide gehen
viel tausend Schafe silberweiß;
wie wir sie heute wandeln sehen,
sah sie der allerält'ste Greis.

Sie altern nie und trinken Leben
aus einem unerschöpften Born,
ein Hirt ist ihnen zugegeben
mit schön gebognem Silberhorn.

Er treibt sie aus zu goldnen Toren,
er überzählt sie jede Nacht
und hat der Lämmer keins verloren,
so oft er auch den Weg vollbracht.

Ein treuer Hund hilft sie ihm leiten,
ein muntrer Widder geht voran.
Die Herde, kannst du sie mir deuten?
Und auch den Hirten zeig mir an!

Friedrich von Schiller

ADVENT

Es kommt ein Fisch geschwommen,
wir sagen ihm willkommen.

Die Augen sind zwei Sterne
aus himmelhoher Ferne.

Von Silber sind die Flossen
gar herrlich übergossen.

Es schimmern in den Kiemen
Demanten und Rubinen.

Die Schuppen glänzen holde
von lauter reinem Golde.

So zieht er hochgemuten
zur Weihnacht durch die Fluten.

Marianne Garff

ADVENT

Morgenstern der finstern Nacht,
Der die Welt voll Freuden macht,
Christkindlein, komm herein,
Leucht in meines Herzens Schrein.

Deines Glanzes Herrlichkeit
Übertrifft die Sonne weit.
Du allein, Jesus mein,
Bist, was tausend Sonnen sein.

Du erleuchtest alles gar,
Was jetzt ist und kommt und war.
Voller Pracht wird die Nacht,
Weil dein Glanz sie angelacht.

Deinem freudereichen Strahl
Folgt man in dem Erdental.
Schönster Stern, weit und fern
Ehrt man dich als Gott den Herrn.

Angelus Silesius

FRAU HOLLE

Schneeflocken wirbeln um und um,
im Garten blüht die Weihnachtsblum',
Frau Holle fährt im Land herum –
Schnurre, Rädchen, schnurre!

Der Mond blickt aus dem Wolkengraus,
weist ihr den Weg zu jedem Haus,
dass sie die Flinksten findet aus –
Schnurre, Rädchen, schnurre!

Gewahrt sie wo noch einen Schein,
Frau Holle hält und schaut hinein,
die munter drehn, belohnt sie fein –
Schnurre, Rädchen, schnurre!

Martin Greif

MARIAS SEHNSUCHT

Es ging Maria in den Morgen hinein,
tat die Erd' einen lichten Liebesschein,
und über die fröhlichen grünen Höhn
sah sie den bläulichen Himmel stehn.
«Ach, hätt ich ein Brautkleid von Himmelsschein,
zwei goldne Flüglein - wie flög ich hinein!»

Es ging Maria in stiller Nacht,
die Erde schlief, der Himmel wacht,
und durchs Herz, wie sie ging und sann und dacht,
zogen die Sterne mit goldener Pracht.
«Ach, hätt ich das Brautkleid von Himmelsschein
und goldene Sterne gewoben drein!»

Es ging Maria im Garten allein,
da sangen so lockend bunt' Vögelein,
und Rosen sah sie im Grünen stehn,
viel rote und weiße so wunderschön.
«Ach hätt ich ein Knäblein, so weiß und rot,
wie wollt ich's liebhaben bis in den Tod!»

Nun ist wohl das Brautkleid gewoben gar,
und goldene Sterne im dunkelen Haar,
und im Arme die Jungfrau das Knäblein hält
hoch über der dunkel erbrausenden Welt.
Und vom Kindlein gehet ein Glänzen aus,
das ruft uns nur ewig: «Nach Haus, nach Haus!»

Joseph von Eichendorff

GESANG AUS DER HÖHE

Heilig, heilig ist die Stunde,
Gott geht durch des Himmels Runde,
Zündet Stern auf Stern!
Sehet, welch ein Licht
segnend niederbricht!
Erde fängt zu leuchten an,
Mond verliert den Schein,
Erde will in Weltennacht
selber Sonne sein.
Heilig, heilig ist die Stunde,
Gott geht durch des Himmels Runde.
Singet Preis dem Herrn!

Walter Gradenwitz

WEIHNACHTSGELÜBDE

Sei uns mit Jubelschalle,
Christkindlein, heut gegrüßt!
Wie freuen wir uns alle,
dass dein Geburtstag ist.
Für uns zur Welt geboren,
lagst du auf Heu und Stroh;
sonst wären wir verloren,
nun aber sind wir froh.

Wie hast du doch uns Kinder
von Anfang her geliebt,
ob wir dich gleich als Sünder
so mannigfach betrübt.
Oh, gib zum Christgeschenke
uns neue Herzen heut,
dass jeder dein gedenke
in rechter Dankbarkeit.

Lass nun bei so viel Gaben
uns nie vergessen dein,
denn dich im Herzen haben
geht über goldnen Schein.
Oh, lass bei allen Kleinen
im ganzen Erdenrund
heut deine Lieb erscheinen,
oh mach dich allen kund!

Worte unbekannter Herkunft (1875)
auf eine Weise von W. A. Mozart

Uns ist geborn ein Kindelein,
ist klarer als die Sonne,
das soll der Welt ein Heiland sein,
dazu der Engel Wonne.

Hätt' Flügel ich der Seraphim,
wie wollte ich mich schwingen
mit allen Engeln auf zu ihm
und hell mit ihnen singen!

Volksgut

ZUM NEUEN JAHR

Das Alte ist vergangen,
das Neue angefangen –
Glück zu, Glück zu zum neuen Jahr.

Das Christkind ist geboren,
zu suchen was verloren –
Glück zu, Glück zu zum neuen Jahr.

Drum lasset uns anbeten,
hin zu der Krippe treten.
Glück zu, Glück zu zum neuen Jahr.

Volksgut (aus Westfalen)

GÖTTLICHE KINDHEIT

Welch Geheimnis ist ein Kind!
Gott ist auch ein Kind gewesen.
Weil wir Kinder Gottes sind,
kam ein Kind, uns zu erlösen.
Welch Geheimnis ist ein Kind!
Wer dies einmal je empfunden,
ist den Kindern
durch das Jesuskind verbunden.

Welche Würde trägt ein Kind!
Sprach «das Wort» doch selbst die Worte:
«Die nicht wie die Kinder sind,
gehn nicht ein zur Himmelspforte.»
Welche Würde trägt ein Kind!
Wer dies einmal je empfunden,
ist den Kindern
durch das Jesuskind verbunden.

O wie heilig ist ein Kind!
Nach dem Wort von Gottes Sohne
aller Kinder Engel sind
wachend vor des Vaters Throne.
O wie heilig ist ein Kind!
Wer dies einmal je empfunden,
ist den Kindern
durch das Jesuskind verbunden.

Clemens Brentano

Wie's aussieht im ewigen Freudenhain
im Himmel, dem hohen da droben,
das wissen die Kindlein, die kleinen,
allein,
denn sie kommen ja grade von oben.
Doch sie können's nicht sagen, unmündig
und klein,
sie müssens's verschweigen indessen,
und wachsen heran sie und plaudern
sie fein,
so haben sie's leider vergessen.

Josef Eduard Kral

SCHNEEFLOCKENLIED

Es steht ein Schloss in Schnee und Eis
aus schimmernden Kristallen.
Es hängt das Mondlicht silberweiß
an Tor und Turm und Hallen.

Schneekönigin, Schneekönigin
mit langen, langen Locken,
die sitzt im Zauberschlosse drin
und spinnt an ihrem Rocken.

Sie spinnt mit weicher Frauenhand
viel weiße, weiße Sterne,
die weht der Wind wohl übers Land
weithin in weite Ferne.

Schneekönigin, Schneekönigin,
die spinnt an ihrem Rocken –
dann fallen auf die Erde hin
schneeweiße Silberflocken.

Manfred Kyber

ZUM NEUEN JAHR

Wie heimlicher Weise
Ein Engelein leise
Mit rosigen Füßen
Die Erde betritt,
So nahte der Morgen.
Jauchzt ihm, ihr Frommen,
Ein heilig Willkommen!
Ein heilig Willkommen,
Herz, jauchze du mit!

In Ihm sei's begonnen,
Der Monde und Sonnen
An blauen Gezelten
Des Himmels bewegt.
Du, Vater, Du rate!
Lenk Du und wende!
Herr, Dir in die Hände
Sei Anfang und Ende,
Sei alles gelegt!

Eduard Mörike

DREI KÖNIGE

Drei Könige führt Gottes Hand
mit einem Stern aus Morgenland
zum Christkind durch Jerusalem
zu Davids Haus nach Bethlehem.
Gott führ auch uns zu diesem Kind,
mach uns zu seinem Hofgesind!

Der Stern war groß und wunderschön,
im Stern ein Kind mit einer Kron,
ein gülden Kreuz sein Szepter war
und alles wie die Sonne klar.
O Gott, erleucht vom Himmel fern
die ganze Welt mit diesem Stern!

Sie gingen in das Haus hinein
und knieten vor dem Kindelein,
sie brachten ihm als Gaben dar
das Beste, was zu finden war.
Gott gib, wenn wir dem Kindlein nahn,
dass wir auch rechte Gaben han!

Maria hieß sie willkommen sein,
legt ihnen ihr Kind ins Herz hinein.
Das war ihr' Zehrung auf dem Weg
und frei Geleit durch Weg und Steg.
Gott geb auch uns das Himmelsbrot
am letzten Zug, zur letzten Not!

nach Friedrich von Spee

ANBETUNG

Was leuchtet so helle inmitten der Nacht?
Der Melchert hat Gold für das Kindlein gebracht.

Was wolket so silbern, was wieget und schwingt?
Walthauser, der alte, den Weiherauch bringt.

Was dringet so heilsam und herbe ins Blut?
Der Kaspar schenkt Myrrhen, die duften so gut.

Gold, Weihrauch und Myrrhen, Herz, Wille und
Sinn,
O Kindelein Gottes, nimm gnadenvoll hin!

Marianne Garff

Onkel Mond, Onkel Mond steht am Tor,
hat von Wolken ein Brustlätzel vor,
steigt ins Zimmer ein,
sitzt am Schrein, und das Kind schläft ein.

Und das Kind schläft ein, schaut im Traum
einen riesigen Goldlichterbaum,
und die Bienen klein
summen fein, und der Stern stimmt ein.

Von ganz fern stimmt ein in den Schall
Ochs und Esel im himmlischen Stall,
auch die König drei
sind dabei aus der Mongolei.

Mongolei und Türkei - die sind weit,
und das Kind, es schläft morgen, schläft heut,
trägt ein Hemdlein weiß,
und im Kreis klingen Glocken leis. - Gelt?

Josef Weinheber

FLUCHT NACH ÄGYPTEN

O Roggengarbe, birg geschwind
die Mutter mit dem Lichteskind!
Erblühe blau, Basilikum,
um ihren Mantel rings herum!
Nun kann die beiden niemand sehn,
die Häscher müssen weitergehn.
Schon stürmen sie zur nächsten Stadt –
Maria segnet Halm und Blatt.

Hedwig Diestel

SCHLAFENDES JESUSKIND
(gemalt von Francesco Albani)

Sohn der Jungfrau, Himmelskind! am Boden
auf dem Holz der Schmerzen eingeschlafen,
das der fromme Meister, sinnvoll spielend,
deinen leichten Träumen unterlegte;
Blume du, noch in der Knospe dämmernd
eingehüllt, die Herrlichkeit des Vaters!
O wer sehen könnte, welche Bilder
hinter dieser Stirne, diesen schwarzen
Wimpern sich in sanftem Wechsel malen!

Eduard Mörike

DAS ROSENWUNDER

Das Gotteskind zum Dornbusch ging,
im Spielen streift es eine Rute,
riss wund die Hand: am Strauche hing
ein Tröpflein von dem heilgen Blute.

Es schaut im warmen Sommerhauch,
ob es die Ranken wiederfände –
und sieh, da füllt der Dornenstrauch
mit roten Rosen ihm die Hände.

Martin Tittmann

AUF EIN ALTES BILD

In grüner Landschaft Sommerflor,
bei kühlem Wasser, Schilf und Rohr,
schau, wie das Knäblein Sündelos
frei spielet auf der Jungfrau Schoß!
Und dort im Walde wonnesam,
ach, grünet schon des Kreuzes Stamm!

Eduard Mörike

FRAU HULDE

Vom Bergwald hernieder ins tiefste Getal
ein Läuten zieht und ein heller Choral
und ein silbern Lachen, wie Spinnweb fein,
ein Singen und Klingen, Getön und Schalmein:
  Frau Hulde kehrt heim.

Ein schneeweiß Rösslein trägt leuchtende Last.
Frau Huldes Kleid ist gleißend Glast.
Ihr Goldhaar schwimmt im feuchten Wind,
und über die Erde ein Lichtspiel rinnt:
  Frau Hulde kehrt heim.

Und hinter ihr ein herrlich Heer
streut Frühlingsblumen im Land umher
und zaubert Veilchen und Glocken hervor.
Frau Hulde wiegt sich im Sattel empor –
  Frau Hulde segnet die Lande.

Robert Walter-Freyr

PASSION

Da Jesus in den Garten ging
und ihm sein bittres Leid anfing,
da trauert alles, was da was,
da trauert Laub und grünes Gras.

Maria hört ein Hämmerlein klingen,
täten ihr Schmerzen durchs Herze dringen:
«O weh, o weh, meins Lebens Kron!
Mein Kind will mich verlassen schon!»

Die hohen Bäum, die bogen sich,
die Felsen hart zerkloben sich,
die Sonne verlor ihren klaren Schein,
die Vögel ließen das Singen sein.

Volksgut

OSTERGRUSS

Willkommen sei die fröhlich Zeit
uns, zu begehn in Ewigkeit:
die Hölle überwand der Christ
und nun im Himmel Herrscher ist.

Wie ist die Welt uns schön erneut!
Die Erde sich im Innern freut,
dass der Herr aller Gnaden Gab
vom Himmel hat gebracht herab.

Denn da er in die Erde kam,
seins Wesens Kraft er mit sich nahm
und hat erneut durch sein Gewalt
so Stein und Meer, so Feld und Wald.

Volksgut

Lasst uns die Bäume lieben,
die Bäume sind uns gut,
in ihren grünen Trieben
strömt Gottes Lebensblut.

Einst wollt das Holz verhärten,
da hing sich Christ daran,
dass wir uns neu ernährten
ein ewiges Blühn begann.

Albert Steffen

An Himmelfahrt
im Vogelbau
der Eier zart
azurnes Blau.

An Pfingsten schon
zum Fluge flügg.
O Zwitscherton!
O Sommerglück!

Rotkehlchen schwingt
sich aus dem Nest.
Sein Seelchen singt
purpurnes Fest.

O heilger Geist
in der Natur!
Christos, dich preist
die Kreatur!

Albert Steffen

PFINGSTLIED

Es ist entzündet worden
ein heiliges Geleucht,
das aus des Lebens Pforten
all Not und Mühsal scheucht.
Das Gotteslicht erglühet
auf Baum und Stein und Strauch,
es leuchtet auf und sprühet
in meinem Herzen auch.

Und wenn das Licht des Maien
die ganze Welt erfüllt,
dann brauchen wir nit scheuen
den Teufel, wenn er brüllt.
Er kann uns nit mehr trennen,
wir rücken eng zusamm'
und tun zu Gott aufbrennen
in einer einz'gen Flamm.

Alfons Petzold

Erde, ich spüre dich,
leise berühr ich dich,
fühl' neu den Menschenfuß,
hör' meinen Liebesgruß:

Trägst mich bei jedem Schritt,
trägst meine Last noch mit,
gibst mir die Heimat hier,
Erde, ich danke Dir!

Hedwig Diestel

BEKANNT GEHEIMNIS

Am Abend eine Sonne klar,
am Morgen ein Greis im Silberhaar.

Ein Windhauch bläst sein Leben aus,
entschweben hundert Sterne daraus.

Und wo ein Sternlein zur Erden geht,
in goldnen Sonnen es aufersteht.

Heinz Ritter

SOMMERNACHT

Wenn lau und lind die Nachtluft weht,
ein Engel schwebt von Beet zu Beet
  auf leisen, leichten Schwingen.
Und wo er sanft vorüberrauscht,
da schweigt die Nachtigall und lauscht
  und mag nicht fürder singen.

Der Glühwurm setzt sich auf das Blatt,
die Linde, die geflüstert hat,
  sie tut sich sachte neigen.
Im Feld die Grille singt nicht mehr,
das Bächlein rieselt still daher,
  allüberall herrscht Schweigen.

Da breitet übers ganze Land
der Engel segnend seine Hand
  und schwingt die Friedenspalme.
Und morgen in der weiten Au
glänzt nah und fern des Himmels Tau
  an jedem Gras und Halme.

Friedrich Güll

JOHANNISKÄFERCHEN

Es fliegt ein feurigs Männlein rum
zwischen Hag und Hecken,
hat ein goldigs Laternle um,
kann sich nicht verstecken.
Feurigs Männlein auf dem Hag,
gib mir dein Laternle ab!

Volksgut

ELFE

Bleib bei uns! Wir haben den Tanzplan im Tal
bedeckt mit Mondesglanze,
Johanniswürmchen erleuchten den Saal,
die Heimchen spielen zum Tanze.

Die Freude, das schöne leichtgläubige Kind,
es wiegt sich in Abendwinden:
Wo Silber auf Zweigen und Büschen rinnt,
da wirst du die Schönste finden!

Joseph von Eichendorff

MUTTERGOTTESGLÄSCHEN

Muttergottesgläschen blühet,
klarer Wein im Kelchlein glühet,

und schon nahen sich die Gäste
zu dem Sankt-Johannis-Feste.

Schmetterling im Drüberwippen
möcht am Rand ein Tröpflein nippen.

Bienen tauchen tief hinunter,
Hummelbärchen brummeln munter,

und es tummeln sich die Mückchen,
Käferlein kriegt auch ein Schlückchen

von der honigsüßen Labe,
Sankt Johanni Himmelsgabe.

Marianne Garff

WÜNSCHELRUTE

Schläft ein Lied in allen Dingen,
die da träumen fort und fort,
und die Welt hebt an zu singen,
triffst du nur das Zauberwort.

Joseph von Eichendorff

VOR DER ERNTE

Nun störet die Ähren im Felde
ein leiser Hauch;
wenn eine sich beugt, so bebet
die andere auch.

Es ist, als ahnten sie alle
der Sichel Schnitt –
die Blumen und fremden Halme
erzittern mit.

Martin Greif

TROSTSPRUCH FÜR KINDER BEI EINEM GEWITTER

Die Engel Gottes wachen,
auch wenn die Donner krachen.
Es kann mir nichts geschehen,
was Gott nicht vorgesehen.
Mein Herz ist ruhig, stark und still,
weil nichts geschieht, was Gott nicht will.
Auch wenn die Donner krachen:
Die Engel Gottes wachen.

Josef Eduard Kral

RÄTSEL

Von Perlen baut sich eine Brücke
hoch über einen grauen See;
sie baut sich auf im Augenblicke
und schwindelnd steigt sie in die Höh.

Der höchsten Schiffe höchste Masten
ziehn unter ihrem Bogen hin,
sie selber trug noch keine Lasten
und scheint, wie du ihr nahst, zu fliehn.

Sie wird erst mit dem Strom und schwindet,
sowie des Wassers Flut versiegt.
So sprich, wo sich die Brücke findet,
und wer sie künstlich hat gefügt?

Friedrich von Schiller

DER REGENBOGEN

Wo der Regenbogen steht,
steht ein golden Schüsselein;
wer bis dort hinübergeht,
sieht es stehen blank und rein.

In dem Schüsslein eingeschenket
steht ein goldner Himmelswein;
wer daraus nach Lust sich tränket,
kann dann nimmer durstig sein.

Hie und dorten früh und spät
bin ich nach dem Schein gegangen;
wo er auf der Erde steht,
nimmer konnt ich hingelangen.

Nimmer konnt ich hingelangen,
wo sich schenkt der goldne Wein;
und der Durst in mir, noch lange
wird er nicht gestillet sein.

Friedrich Rückert

HERBST

Es ist nun der Herbst gekommen,
hat das schöne Sommerkleid
von den Feldern weggenommen
und die Blätter ausgestreut;
vor dem bösen Winterwinde
deckt er warm und sachte zu
mit dem bunten Laub die Gründe,
die schon müde gehn zur Ruh.

Durch die Felder sieht man fahren
eine wunderschöne Frau,
und von ihren langen Haaren
goldne Fäden auf der Au
spinnet sie und singt im Gehen:
«Eya, meine Blümelein,
nicht nach andern immer sehen,
eya, schlafet, schlafet ein!»

Und die Vöglein hoch in Lüften
über blaue Berg und Seen
ziehn zur Ferne nach den Klüften,
wo die hohen Zedern stehn,
wo mit ihren goldnen Schwingen
auf des Benedeiten Gruft
Engel Hosianna singen
nächtens durch die stille Luft.

Joseph von Eichendorff

HERBSTBILD

Dies ist ein Herbsttag, wie ich keinen sah!
Die Luft ist still, als atmete man kaum,
und dennoch fallen raschelnd, fern und nah,
die schönsten Früchte ab von jedem Baum.

O stört sie nicht, die Feier der Natur!
Dies ist die Lese, die sie selber hält;
denn heute löst sich von den Zweigen nur,
was von dem milden Strahl der Sonne fällt.

Friedrich Hebbel

MICHAELSLIED

Das Herz wird wach, der Tag wird hell,
wir grüßen dich, Sankt Michael!
Dein Zeichen ist der Sieg!

Am neuen Tag gib neue Kraft,
die Gutes in die Erde schafft,
und allem Bösen Krieg!

Du Gotteskämpfer stark und schnell,
du Schwertesengel Michael,
gib uns den Sieg!

Heinz Ritter

SANKT MARTIN

Sankt Martin war ein Ritter,
der wie ein Ungewitter
den bösen Feind bekriegte,
in jedem Kampfe siegte.
Er hatte Kraft, er hatte Mut,
doch war er auch von Herzen gut.

Als er einst vor dem Tor
den Bettler sah, der fror,
stieg er herab vom Pferd
und teilte mit dem Schwert
den Mantel, gab die Hälfte ab
und sah nicht, wem er diese gab.

Lore Schäfer

DER JÜNGSTE TAG

Wenn der Jüngste Tag will werden,
da falln die Sternlein auf die Erden,
da beugen sich die Bäumelein,
da singen die Waldvögelein.

Da kommt der liebe Gott gezogen
auf einem großen Regenbogen:
«Ihr Toten, ihr sollt auferstehn!
Ihr sollt vor Gottes Gerichte gehn!

Ihr sollt treten auf die Spitzen,
da die lieben Englein sitzen.
Ihr sollt treten auf die Bahn!»
Der liebe Gott nehm uns all in Gnaden an.

Amen

Volksgut (17. Jahrhundert)

Wo ich bin und was ich tu,
Sieht mir Gott mein Vater zu.

Volksgut

DAS HIMMELSSCHLOSS

Es steht eine Burg, eine reiche Burg,
ein Schloss mit hohen Zinnen;
da singen die Engel so süßes Lob,
Jesus Christ, der wohnt darinnen.

In diesem Schlosse wären wir gern,
wenn wir den Weg hinfänden.
Es blinken da all von purem Gold
die Dächer und auch die Wände.

Zu diesem Schlosse kommen wir nicht,
wir müssen denn ringen und streiten,
über Klippen und Tiefen der wilden See
unser Schifflein weit hinleiten.

Die bösen Geister fallen uns an,
das Schiff sie wollen bedrängen.
Sie lockten schon manchen auf den Grund
mit ihren falschen Klängen.

Sie winken uns allen und locken sehr,
sie sähen uns gerne ertrinken.
Wir senken das Herz, einen Anker ins Meer,
in Christus muss es versinken.

Nun lasst uns die wilde See überfahren
mit also lichten Sinnen!
Gott der Herr woll' uns bewahren,
dass wir das Schloss gewinnen.

Volksgut (niederdeutsch)

KINDESSEGEN

Ach lieber Herre Jesu Christ,
weil Du ein Kind gewesen bist,
so gib auch diesem Kindelein
Dein' Gnad und auch den Segen Dein.
  Ach Jesus, Herre mein,
  behüt dies Kindelein!

Nun schlaf, nun schlaf, mein Kindelein,
Jesus, der soll dein Schützer sein.
Er wolle, dass dir träume wohl
und werdest aller Tugend voll.
  Ach Jesus, Herre mein,
  behüt dies Kindelein!

Ein gute Nacht und guten Tag
geb dir, der alle Ding vermag!
Hiermit sollst du gesegnet sein,
mein herzeliebes Kindelein!
  Ach Jesus, Herre mein,
  behüt dies Kindelein!

Heinrich von Laufenberg

INHALT
ALPHABETISCH NACH VERFASSERN

GEDICHTANFÄNGE MIT ÜBERSCHRIFTEN
(alphabetisch)

Seite

Seite

Wir danken an dieser Stelle allen Autoren und Verlagen herzlich für die freundliche Abdruckgenehmigung der einzelnen Beiträge. Soweit keine Einzelbeiträge oder freie Werke benützt wurden, stammen die Gedichte und Sprüche aus den folgenden Verlagswerken:

Garff, Marianne: Es plaudert der Bach / Basel 1980 Verlag Die Pforte

Kühn, Johannes: Kinderland / Arlesheim o. J. Columban-Verlag

Künemund, Lottelise / Lück, Condine: Abends bei den Singerlein / Stuttgart ^{2}1961

Reiners, Ludwig: Der ewige Brunnen / München 1958

Ritter, Heinz: Eins und Alles / Stuttgart 1982 Verlag Freies Geistesleben

Ritter, Heinz: Liebe Erde / Kassel 1951

Steiner, Rudolf: Gebete für Mütter und Kinder / Dornach 1987, Rudolf Steiner Verlag

Steiner, Rudolf: Mantrische Sprüche / Dornach 1999

Steiner, Rudolf: Wahrspruchworte / Dornach 1998

Auswahl und Zusammenstellung besorgte Christoph Rau unter Mitarbeit von Carola Balcke, Braunschweig.

CHRISTOPH RAU

Wir sagen Dank

Tischgebete und Lieder

4. überarbeitete Auflage 2011,
80 S., Gb., Fr. 20 | € 13

ISBN 978-3-7235-1402-3

In einer Zeit der Hektik ermöglicht das Tischgebet oder ein Lied vor dem Essen einen Moment der Einkehr und Besinnung. In diesem Augenblick schenken wir jenen Helfern und Wesen, ja der ganzen Natur und dem Kosmos, unsere Aufmerksamkeit. Gerade ihnen ist es zu verdanken, dass wir uns überhaupt ernähren können. Dieses kurze Innehalten im Dank - mit dem zugleich eine Distanz zum Alltag geschaffen wird - ist nicht nur für Kinder ein wesentlicher Moment, in dem innere Kultur gebildet wird. Die Fülle der versammelten Texte und Lieder zeigt die Geste des Dankes in vielerlei Hinsicht, mal religiös, mal kosmisch, mal der Natur und Kreatur gedenkend - ein Büchlein, das in jeder Familie zur Bildung innerer Werte beitragen kann.

EDITION OGHAM IM
VERLAG AM GOETHEANUM

MAYA PETER

Um Ostern mit Kindern

Gedichte, Geschichten, Legenden für Kinder bis zum 10. Lebensjahr

7. überarbeitete Auflage 2011,
88 S., Gb., Fr. 20 | € 13
ISBN 978-3-7235-1404-7

Ostern ist ein Fest, das nicht so leicht wie Weihnachten gefeiert werden kann. Von Tod und Auferstehung kann man einem Kind noch nicht erzählen. Man braucht dafür Bilder, Erzählungen und Gedichte, in denen sich das Geheimnis der Verwandlung verbirgt. Der Osterhase versteckt das Osternestchen mit den Eiern. Man muss sie schon suchen und finden, nicht nur einfach als Geschenke entgegennehmen! In diesem Brauchtum steckt ein tiefer Sinn. Das vorliegende Büchlein kann heranwachsende Kinder begleiten und bietet für jede Altersstufe eine Auswahl der schönsten Legenden, Gedichte und Geschichten.

EDITION OGHAM IM
VERLAG AM GOETHEANUM

GÜNTHER VON NEGELEIN

Band II

Für die religiöse Erziehung

99 Märchen, Legenden, Erzählungen aus dem Erfahrungsschatz eines Lehrers

1004 S., Gb., Fr. 64 | € 39
ISBN 978-3-7235-1212-8

In seiner über vierzigjährigen Unterrichtstätigkeit war es Günther von Negelein ein Anliegen, den Schülerinnen und Schülern Geschichten zu erzählen, die solche Werte vermitteln und den Kindern Nahrung für das ganze Leben bieten. Hier hat er einen Teil seiner Schätze zusammengestellt. Der Titel «Für die religiöse Erziehung» muss in einem ganz weiten Sinn verstanden werden. Es geht um die Vermittlung innerer Werte, die wohl von jeder Religion der Welt hoch gehalten werden.